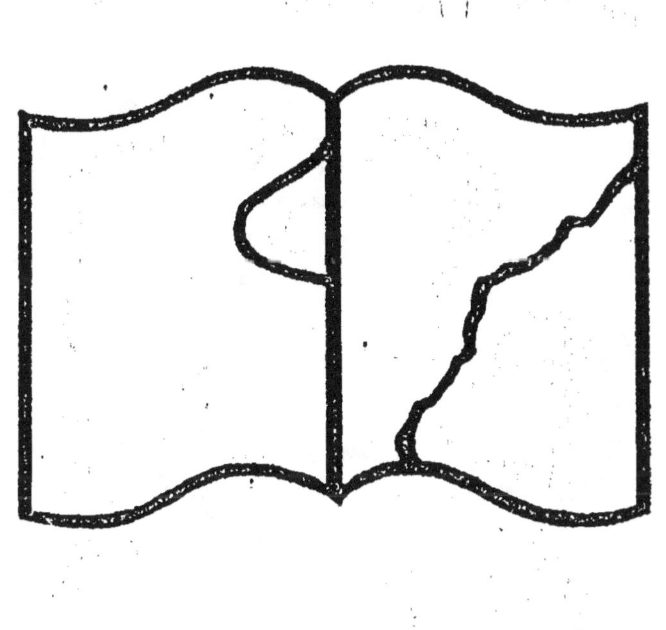

COUVERTURES SUPERIEURE ET INFERIEURE
DETERIOREES

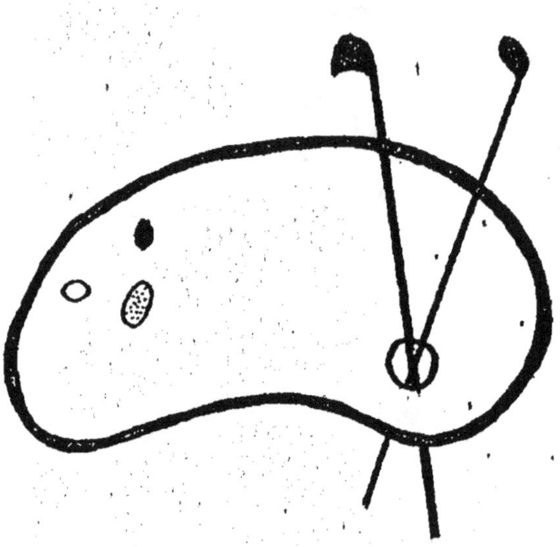

DEBUT D'UNE SERIE DE DOCUMENTS
EN COULEUR

SCIENCE ET RELIGION
Études pour le temps présent

DIEU

AUTEUR DE LA VIE

PAR

M. l'abbé THOMAS

Vicaire général de Verdun

PARIS
LIBRAIRIE BLOUD ET BARRAL
4, RUE MADAME, ET RUE DE RENNES, 59
1898

SCIENCE ET RELIGION
Études pour le temps présent

Collection de vol. in-12 de 64 pages compactes.

Prix : O fr. 60 le vol.

Les lecteurs curieux de grandes vérités de la foi déploraient l'absence de vulgarisation de science religieuse. LES ÉTUDES POUR LE TEMPS PRÉSENT répondent donc à un désir et comblent une lacune. Ainsi en ont jugé unanimement les Revues et les journaux les plus importants de la presse catholique. De ces nombreux et si flatteurs témoignages nous ne citerons que le suivant, extrait du journal *l'Univers*, dû à la plume d'un juge des plus compétents, M. Louis Robert :

« Aujourd'hui, en notre siècle de vapeur, d'électricité, on veut savoir « tout et lire peu, toute la vie est pleine et fiévreuse ! C'est ce qui explique « la vogue de la Revue et du Journal. Cependant ces deux organes de la « pensée moderne sont insuffisants pour embrasser une question dans la « complexité de ses aspects. Le livre est toujours nécessaire ; mais nous « pensons, à part les moines et le clergé des campagnes, que le respectable « in-4° et le majestueux in-folio ont fait leur temps pour le grand public. « Il fallait donc condenser en un volume de poche les questions qui tour- « mentent l'âme contemporaine. C'est ce que certains éditeurs ont très « heureusement compris, notamment MM. Bloud et Barral, dont les édi- « tions ont déjà tant rendu de services signalés à la cause religieuse.

« Sous le titre de *Science et Religion*, collection de volumes in-12 de « 64 p. compactes, ils ont entrepris, avec un plein succès, de démontrer « par des plumes des plus autorisées « *l'accord entre les résultats de la* « *science moderne et les affirmations de la foi*. » Chaque sujet est trai- « té, non plus d'après la méthode apologétique, qui actuellement est sus- « pecte aux incrédules, même aux indifférents. C'est avec la plus rigoureuse « méthode scientifique — mais mise à la portée de tous les esprits quelque « peu cultivés — que sont exposées les *Nouvelles Études philosophiques* « *scientifiques et religieuses* de cette opportune et très intéressante col- « lection.

« Le nom de l'auteur de chacune d'elles est une recommandation. »

(Journal l'Univers.)

Voici une seconde liste des ouvrages parus ou à paraître incessamment.

— **L'Apologétique historique au XIX° siècle.** — **La Critique irré- ligieuse de Renan.** (*Les précurseurs — La vie de Jésus — Les adver- saires — Les résultats*) par l'abbé Ch. Denis, directeur des *Annales de philosophie chrétienne*. **1 vol**

— **Nature et Histoire de la liberté de conscience,** par M. l'abbé Canet, docteur en philosophie et ès-lettres de l'Université de Louvain, ancien professeur de théologie dogmatique au grand séminaire de Lyon. **1 vol**

- **L'Animal raisonnable et l'Animal tout court**, *étude de psychologie comparée*, par C. DE KIRWAN. 1 vol.

- **La Conception catholique de l'Enfer**, par M. BRÉMOND, docteur théologie, professeur de dogme au grand séminaire de Digne. 1 vol.

- **L'Église russe**, par J.-L. GONDAL, professeur d'apologétique et istoire au grand séminaire Saint-Sulpice. 1 vol.

- **La Fausse Science contemporaine et les Mystères d'Outre-tombe**, par le R. P. Th. ORTOLAN, O. M. I. 1 vol.

— *Du même auteur :* **Vie et Matière ou Matérialisme et Spiritualisme en présence de la Cristallogénie**. 1 vol.

— *Du même auteur :* **Matérialistes et Musiciens**. 1 vol.

- **Le Mal, sa nature, son origine, sa réparation**. *Aperçu philosophique religieux*, par l'abbé M. CONSTANT, docteur en théologie, lauréat de l'institut catholique de Paris. 1 vol.

- **L'auteur de la vie**, par M. l'abbé THOMAS, vicaire général de rd. 1 vol.

— *Du même auteur :* **La Fin du monde d'après la foi et la science**. 1 vol.

— **L'Attitude du catholique devant la Science**, par G. FONSEGRIVE, recteur de la *Quinzaine*. 1 vol.

— *Du même auteur :* **Le Catholicisme et la Religion de l'Esprit**. vol.

— **Du Doute à la Foi**, le besoin, les raisons, les moyens, les devoirs, la possibilité de croire, par le R. P. TOURNEBIZE, S. J. 1 vol.

— **La Synagogue moderne, sa doctrine et son culte**, par A. F. SAUN. 1 vol.

— **Évolution et Immutabilité de la doctrine religieuse dans l'Église**, par M. PRUNIER, supérieur du gr. séminaire de Séez. 1 vol.

— **La Religion spirite, son dogme, sa morale et ses pratiques**, par . BERTRAND. 1 vol.

— **L'Hypnotisme franc et l'Hypnotisme vrai**, par le docteur HÉCOT, auteur de *Névroses et Possessions diaboliques*. 1 vol.

— **Convenance scientifique de l'Incarnation**, par Pierre COUBBET, ancien élève de l'École polytechnique. 1 vol.

— **L'Église et le Travail manuel**, par M. l'abbé SABATIÉ, du clergé de Paris, docteur en droit canon. 1 vol.

— **L'Inquisition, son rôle religieux, politique et social**, par G. ROMAIN, auteur de : *L'Église et la Liberté*. 1 vol.

— **Unité de l'espèce humaine** *prouvée par la Similarité des conceptions et des créations de l'homme*, par le marquis de NADAILLAC. 1 vol.

— **Le Socialisme contemporain et la Propriété.** — *Aperçu historique*, par M. Gabriel ARDANT auteur de la *Question agraire*. 1 vol.

— **Pourquoi le Roman immoral est-il à la mode et pourquoi le Roman moral n'est-il pas à la mode ?** *Étude sociale et littéraire*, par G. d'AZAMBUJA. 1 vol.

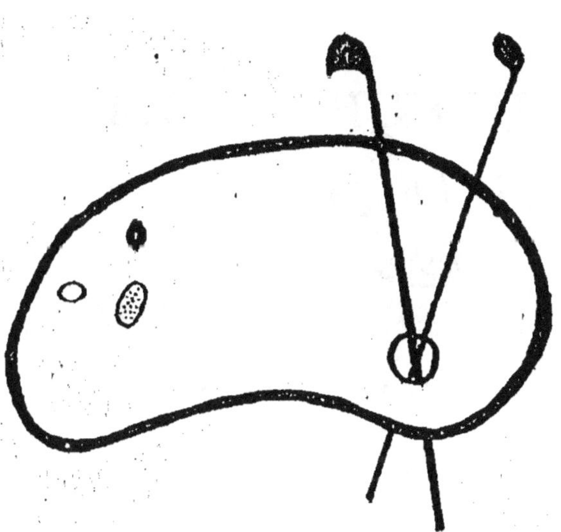

FIN D'UNE SERIE DE DOCUMENTS
EN COULEUR

DIEU

AUTEUR DE LA VIE

PAR

M, l'Abbé THOMAS

Vicaire général de Verdun

DIEU AUTEUR DE LA VIE,

CHAPITRE PREMIER.

PRINCIPE DE LA VIE PHYSIQUE.

La révélation enseigne, la nature proclame, le raisonnement démontre l'existence d'un Dieu créateur de la matière, des forces ou énergies déposées dans son sein, et auteur des lois qui régissent le monde visible. Mais si l'harmonie qui règne au sein de l'univers révèle une suprême intelligence, la marque en est plus sensible encore dans le monde organique. La finalité, signe caractéristique des œuvres de l'infinie sagesse, apparaît surtout et de la manière la plus éclatante dans la formation, la structure et les rapports des êtres vivants. Dieu n'est pas seulement le principe de l'existence, il se révèle à l'expérience et à la raison comme auteur de la vie.

Les conclusions de la science et les enseignements de la foi, en ce qui regarde particulièrement l'origine de la vie, ont reçu de l'étude de la nature une éclatante confirmation. La vie a commencé à la surface de notre planète, voilà le fait que la géologie a mis en pleine lumière, en nous faisant, pour ainsi dire, assister à l'apparition successive des êtres organisés. Les couches superposées dont se compose l'écorce solide du globe sont comme autant de tables chronologiques où nous lisons l'âge relatif des formes vivantes. Ce sont les mammifères qui se montrent dans les couches supérieures; plus bas les oiseaux, ensuite les poissons, au-dessous, les mollusques; puis, le règne animal disparaît, ou n'est plus représenté que par des genres inférieurs; descendez encore un degré et vous n'apercevez d'autres débris que ceux des végétaux. Enfin, voici les terrains primitifs; ici, nulle trace de végétation, la vie a complètement disparu, ou, pour mieux dire, elle ne s'est pas encore montrée.

La vie a donc eu un commencement sur la terre; elle est postérieure à la création du monde inorganique; la science elle-même l'atteste. Or, point de commencement sans cause. Quel e t donc le principe supérieur de la vie dans la nature ? La tradition biblique, la croyance universelle du genre humain, la raison philosophique, répondent de concert : ce principe est celui que saint Pierre (1) appelle « l'Auteur de la vie, » « Celui en qui nous vivons, » ajoute saint Paul (2), Celui qui selon le même apôtre, « donne à tous la respiration et la vie et toutes choses (3), » en un mot, Dieu. Selon le matérialisme, au contraire, il n'est pas besoin de remonter si haut, ni de chercher en dehors de la matière elle-même, de ses propriétés essentielles, de ses lois générales, l'origine des êtres vivants. Le règne organique procède du règne inorganique et n'en diffère pas essentiellement.

Expliquer : 1° l'apparition de la vie par les seules propriétés de la matière brute, sans l'action d'une

(1) Act. XVII, 15.
(2) Ibid. XVII, 28.
(3) Ibid. XVII, 25.

cause supérieure aux lois qui régissent le règne
minéral; 2° la variété des espèces par l'évolution
d'un germe primitif, et cela par la seule action des
forces inconscientes de la nature; 3° les fonctions
de la vie intellectuelle et morale par le simple jeu
des forces matérielles qui entrent dans la composi-
tion de l'organisme, telle est la triple prétention hau-
tement affichée par les coryphées du matérialisme.
La conclusion sort d'elle-même : Dieu, l'âme, les
substances spirituelles, doivent être relégués parmi
les hypothèses nées de l'ignorance, entretenues par
la superstition, la cupidité, le fanatisme, et condamnées par la science.

Condamnées par la science ! Jamais plus fréquent
ni plus criant abus n'a été fait de ce mot. Nous ver-
rons si la science vraie, la science sérieuse tient le
même langage que ceux qui affectent de parler en
son nom. Le problème de l'origine de la vie se dé-
compose en deux autres : production de la matière
vivante et formation de l'organisme. Nous pourrions
en ajouter un troisième, le fonctionnement de l'organisme déjà formé, nous nous bornerons aux deux
premiers.

Selon la théorie matérialiste, la vie jaillit sponta-
nément du sein du règne minéral; selon l'ancienne
philosophie, au contraire, il existe entre le monde
inorganique et les organismes vivants un abîme infranchissable par la seule évolution de la matière
morte; et cette conviction, partagée par toutes les
grandes écoles, reposait sur la diversité irréductible
des effets par lesquels se manifestent les propriétés
et les forces propres à chaque règne. Dans le monde
inorganique, les changements résultent de l'action
et de la réaction réciproque des éléments les uns
à l'égard des autres. Livrés à eux-mêmes, les

corps bruts demeurent ce qu'ils sont, ils gardent une complète immobilité, jusqu'à ce qu'une force étrangère les mette en mouvement, les associe ou les désagrège, sans altérer leur nature. Ils ne se nourrissent point, ne se reproduisent point, et s'ils s'accroissent, c'est par simple juxtaposition. Ce qui, au contraire, distingue l'être vivant est l'action immanente d'un principe de formation, de conservation et de reproduction, c'est la force interne qui construit, pour ainsi dire, l'organisme, le nourrit, répare ses pertes, et le fait se survivre à lui-même par la reproduction d'autres organismes de même espèce. L'être vivant s'empare des éléments étrangers, mais pour se les assimiler, les soumettre à ses propres lois, leur communiquer des propriétés nouvelles en harmonie avec les fonctions et le but de la vie. De ces différences fondamentales on concluait la nécessité d'un principe spécial, supérieur à la matière brute, pour expliquer l'origine de la vie et des corps organisés.

Cette conclusion, le matérialisme la rejette, et il invoque à l'appui de l'opinion contraire les résultats de l'analyse chimique appliquée à la structure intime des corps vivants. S'il est vrai que la ligne de démarcation établie autrefois entre le règne organique et le règne inorganique est une illusion, que la matière vivante et la matière brute sont formées des mêmes éléments et régies par les mêmes lois, il n'est plus nécessaire, en effet, d'assigner, en dehors de ces lois, un principe spécial des phénomènes vitaux; le passage d'un règne à l'autre peut s'expliquer naturellement par la seule action des causes générales. Or, en soumettant à l'analyse les tissus vivants, la matière commune, ou, comme on l'appelle, le *protoplasma* des êtres organisés, qu'y découvre-t-on ? Rien de plus que les éléments empruntés au règne minéral et combinés en diverses manières, l'hydrogène, l'oxygène, le carbone, l'azote, de la potasse, des sels de soufre et quelques métaux. Ces éléments sont constitués de manière à former des composés ternaires ou quaternaires dont les propriétés résultent des propriétés matérielles de leurs composants. Les chimistes en ont reproduit quelques-uns, et bien que les composés quaternaires aient résisté jusqu'à présent, on espère en triompher, et rien ne prouve que cet espoir soit chimérique.

Il y a deux choses à distinguer dans les raisonnements qui précèdent, les faits et les conséquences qu'on y rattache. Nous ne discuterons pas les faits, malgré certaines réserves qu'il y aurait à faire, nous admettrons, si l'on veut, et jusqu'à preuve du contraire, que l'analyse de la matière animée aboutit à un ensemble de composés chimiques. Ces faits, même en les supposant parfaitement établis, ne justifient en aucune façon la conséquence qu'on en tire, savoir, que les propriétés physiques ou chimiques des éléments matériels suffisent à la formation des êtres vivants sans le concours d'un agent supérieur à la matière qu'il doit mettre en œuvre. Que les agents physico-chimiques jouent un rôle considérable dans la constitution intime des tissus, nous l'admettons sans difficulté; mais qu'ils soient aptes par eux-mêmes et sous l'empire des seules lois générales à former la matière organique, voilà ce que nous repoussons ; une telle conclusion dépasse les faits observés, outre la violence qu'elle fait au sens commun.

La preuve que les agents physico-chimiques ne possèdent point une telle puissance, c'est qu'ils ont besoin d'un germe doué de vie pour produire les

effets qu'on leur attribue. Nulle part la nature morte,
livrée à elle-même, ne fait naître une parcelle de
matière vivante; nulle part la matière n'a révélé
cette vertu génératrice qu'on lui suppose gratuite-
ment. On n'a pu, jusqu'à présent, constater un seul
fait d'un être animé produit par la seule action réciproque et combinée des agents physiques et chimiques. Les expériences de M. Pasteur ont porté à
la théorie des générations spontanées un coup dont
elle ne se relèvera pas. Vérification faite, l'Académie
des sciences, mise en demeure de se prononcer, a so-
lennellement déclaré que ces expériences avaient été
conduites de manière à éviter toutes les causes d'er-
reur imaginables. Citons à ce sujet la conclusion de
M. Milne-Edwards : « L'hypothèse de la production
d'êtres vivants par de la matière morte n'est pas
seulement inutile pour expliquer la multiplication
des animalcules microscopiques dont les infusions se
peuplent si souvent au contact de l'air, elle est aussi
en désaccord avec les faits bien constatés. Les êtres
organisés, dans l'état actuel de notre globe, re-
çoivent toujours la vie de corps déjà vivants, et,
grands ou petits, ne naissent pas sans avoir des
ancêtres. »

Ceci, répondent les partisans des générations
spontanées, regarde exclusivement les êtres organisés. Que tout être vivant ayant un degré quelconque d'individualité et d'organisation ne puisse se
former immédiatement par la seule action des forces
physiques ou chimiques, ils se résignent à l'admettre
sans toutefois renoncer au principe du système. Mais
entre le règne minéral et le règne organique proprement dit, il y a, disent-ils, un degré intermédiaire qui
ménage la transition de l'un à l'autre : c'est la matière vivante non organisée, non individualisée. Elle

est vivante, car elle possède les deux propriétés caractéristiques de la vie, celle de se nourrir, en s'assimilant des substances étrangères, et celle de se reproduire. Elle ne constitue pas une individualité distincte mais une masse amorphe, semblable à un grumeau de gelée plus ou moins transparente, quelquefois parsemée de fins granules, doués d'un mouvement circulaire. Quand elle est parvenue à un certain degré de développement, elle se divise en deux parties à peu près égales dont chacune continue les mêmes fonctions. Voilà, s'écrie-t-on, la forme première, élémentaire, sous laquelle apparaît la vie, voilà le point de départ de tous les développements ultérieurs, l'origine de tous les organismes plus ou moins compliqués par lesquels la vie se manifeste à tous les degrés. On lui a donné le nom de protoplasme ; sa structure aussi simple que possible permet de l'attribuer, sans intermédiaire, au libre jeu des forces physiques. Hæckel a imaginé pour ces sortes d'êtres le nom de *monères*, à cause de leur extrême simplicité.

Une première question est celle de l'existence même du protoplasme ainsi défini. Huxley crut avoir trouvé dans les profondeurs de l'océan une monère réunissant les conditions voulues, absolument amorphe, sans organisme, sans individualité déterminée, une masse protoplasmique toujours en voie de formation et de développement au sein des mers dont elle tapisse le fond, vaste couche vivante, héritière du limon dont tous les êtres sont sortis, mère des flores et des faunes de l'avenir. C'est le fameux *Bathybius*, ainsi nommé par son inventeur. Malheureusement le Bathybius sur lequel on fondait de si magnifiques espérances s'est trouvé n'être qu'un précipité gélatineux de sulfate de soude, un produit purement chimique qui n'avait rien de commun avec la vie. Le même sort attend son congénère, le Proto-bathyblus.

Nous laissons de côté la nomenclature variée des monères décrites par les naturalistes, le protogène primordialis, le protomonas, la Vampirella, les amylobacters, les protomixa, les myxastrum, etc. Si la structure de ces êtres est très simple, toutefois, ce qui n'est pas moins certain, c'est qu'ils ne diffèrent pas essentiellement des autres êtres vivants. Ils naissent, se nourrissent, se reproduisent et meurent; ils possèdent des organes rudimentaires pour saisir leur proie ; leur individualité est assez accusée pour qu'on les distingue les uns des autres au sein de la même espèce. Le problème se pose donc tout entier pour les monères comme pour les autres êtres. Cette prétendue masse vivante, fondamentale, d'où seraient sortis primitivement les êtres organisés, est encore et restera sans doute à l'état d'hypothèse. On a vu des monères se reproduire, on n'en a vu aucune se produire. Les chimistes imitent, jusqu'à un certain point, les produits de la vie; ce qu'ils ne peuvent imiter, c'est la vie elle-même. Les efforts tentés pour en trouver la source dans les profondeurs de la matière inorganique sont demeurés infructueux. En résumé la matière vivante suppose la présence et l'action d'un principe spécial, supérieur aux forces purement chimiques, d'un principe qui emploie les lois et les propriétés de la matière brute pour les faire servir à ses fins particulières.

Cette conclusion ressortira plus évidente encore si on l'applique à l'organisme proprement dit. Les matérialistes parlent volontiers de l'organisme déjà formé; c'est la formation elle-même dont on leur demande le secret. La cellule, disent-ils, en se dédou-

blant et en se multipliant, crée successivement les organes et les répare, en remplaçant les cellules usées
par l'exercice ou détruites par la maladie. Très bien ;
mais est-ce uniquement en vertu des propriétés
physico-chimiques que la cellule, en se multipliant
d'après un plan déterminé pour chaque espèce, en-
gendre l'immense variété des espèces et des genres,
également propre à devenir une baleine, un rossi-
gnol, un hippopotame ou un moucheron ? Pourquoi
le dédoublement cellulaire vient-il aboutir à telle
forme spécifique plutôt qu'à telle autre ? Il faut bien
qu'il existe dans la cellule autre chose que les propriétés communes des agents physiques, c'est-à-dire
une cause spéciale qui modifie dans un sens ou dans
un autre le développement du germe primordial.
Le bon sens le dit et l'analyse de la cellule confirme
les indications du bon sens.

Qu'est-ce en effet, que la cellule ? Une molécule
extrêmement ténue où l'on retrouve les éléments
généraux de la matière organique, hydrogène, oxygène, carbone, azote. Or, la cellule primitive est la
même pour tous les animaux, la même pour les animaux et les plantes. D'où vient donc la divergence
qui s'accuse dès les premiers pas, et comment l'évolution d'un germe identique pour tous les êtres vivants peut-elle aboutir à l'étonnante variété des
formes qui différencient les genres, les espèces, les
individus ? Cette diversité ne résulte ni de la forme
sphéroïdale de la cellule, ni des éléments qui la
composent, cela est manifeste. La cellule n'est donc
qu'un instrument, ou si l'on veut, un laboratoire à
l'usage d'un agent distinct des lois générales et des
propriétés de la matière inorganique.

« Il y a, dit M. Claude Bernard (1), comme un

(1) Définition de la Vie, *Revue des Deux-Mondes*, II, p. 100.

dessin vital qui trace le plan de chaque être et de chaque organe, en sorte que, si, considéré isolément, chaque phénomène est tributaire des forces générales de la nature, pris dans leur succession et dans leur ensemble, ils paraissent révéler un lien spécial, ils semblent dirigés par quelque condition invisible dans l'ordre qui les enchaîne. Ainsi, les actions chimiques synthétiques de l'organisation et de la nutrition se manifestent comme si elles étaient dominées par une force impulsive dominant la matière, faisant de la chimie appropriée à un but, et mettant en présence les réactifs aveugles des laboratoires, à la manière du chimiste lui-même. Cette propriété évolutive de l'œuf qui produira un mammifère, un oiseau, ou un poisson, n'est ni de la physique, ni de la chimie. »

Un savant anglais, M. Murphy (1), résume la discussion en ces termes : « Aucune solution des problèmes sur l'organisation ne peut être complètement satisfaisante, si elle ne reconnaît une intelligence organisatrice en dehors et au-dessus des lois générales de la matière. »

(1) Cité par M. Wallace, *Revue Scientifique*, VII, 606.

CHAPITRE II.

LE TRANSFORMISME ET LE DOGME CHRÉTIEN.

Le darwinisme, ou si l'on préfère une appellation plus rationnelle, le transformisme a rencontré des prôneurs enthousiastes, mais aussi des adversaires sérieux et convaincus. Plusieurs, parmi ses partisans, s'en sont fait une arme contre le christianisme ; aussi, à part quelques exceptions, le darwinisme est-il devenu suspect aux hommes de foi. D'autre part, la guerre qu'on lui a déclarée n'est pas sans péril aux yeux de certains esprits, préoccupés du désir de mettre le dogme chrétien en dehors et à l'abri des querelles scientifiques.

N'est-ce pas en effet compromettre le dogme que de l'engager dans une alliance plus ou moins étroite avec un système scientifique, au risque d'éloigner des adversaires de bonne foi à qui l'avenir donnera peut-être raison ? La théorie des générations spontanées est-elle irrémissiblement condamnée devant la science ? Est-elle en opposition tellement déclarée avec la foi catholique qu'on ne puisse affirmer l'une sans nier l'autre ? Les théologiens du Moyen Age, dont l'orthodoxie n'est pas suspecte, ne faisaient nulle difficulté d'admettre que la corruption des substances matérielles, et par suite, la matière morte pouvait donner naissance à des animaux inférieurs. Et quant au transformisme, est-on bien sûr que de nouvelles découvertes ne viendront pas lui donner gain de cause, ou du moins ratifier quelques-unes de

ses affirmations, en diminuant, par exemple, le nombre des espèces primitivement créées? Est-il pru-
dent d'inféoder le dogme à une théorie particulière
dont l'avenir peut d'un jour à l'autre ébranler la
solidité, et ne vaut-il pas mieux laisser les savants
débattre librement ces questions, et désintéresser la
foi dans ces sortes de controverses?

Oui, certainement, l'apologiste chrétien doit bien
se garder d'asseoir la certitude du dogme sur la base
fragile d'une hypothèse, et de lier les destinées du
christianisme à la vogue plus ou moins méritée d'un
système éphémère. Par la même raison, il ne doit
pas se hâter de condamner, au nom de la foi, un
système dont l'opposition avec la foi peut n'être
qu'apparente. Nous l'avons déjà dit et nous ne sau-
rions trop le répéter, si la Bible n'a rien à redouter
de la science, il n'en est pas de même des commen-
tateurs qui ont la prétention de l'interpréter. Point
d'alliance compromettante, mais aussi point de con-
damnation précipitée. Procéder autrement serait rendre le plus mauvais service à la démonstration
évangélique, et fournir un prétexte à ceux qui accu-
sent la foi d'entraver le progrès de la science.

Mais le respect des droits de la science ne saurait
aller jusqu'à laisser passer sans protestation des
doctrines qui, sous le couvert du progrès scientifique, ne visent à rien moins qu'à renverser les bases
mêmes de la foi. Nous parlons des droits de la science,
mais ce n'est pas ici le lieu de les invoquer. Il n'y a
aucun droit possible contre la vérité; car la vérité
ne saurait se détruire elle-même : ce qui est vrai
selon la révélation ne saurait être faux selon la
science. Repousser de telles doctrines, ce n'est pas
seulement sauvegarder les intérêts de la foi, c'est
veiller à ceux de la science elle-même qui ne peut

avoir raison contre la foi, et fait nécessairement
fausse route dès qu'elle se trouve en opposition avec
la vérité révélée.

Mais sortons des généralités et venons à l'application. Il y a deux points de vue, ou, si l'on veut, deux
éléments à distinguer dans les théories évolutionistes et transformistes. L'un touche aux dogmes fondamentaux de la religion, l'autre appartient au domaine de la science proprement dite et relève de
l'observation et du raisonnement. Le premier est la
prétention d'expliquer l'origine de la vie, l'apparition des espèces vivantes, la pensée elle-même, par
la seule action des lois et des propriétés de la matière, sans l'intervention d'un Dieu créateur. C'est
cette prétention que nous repoussons au nom de la
foi et de la science, non seulement en ce qui regarde
le principe de la vie intellectuelle, mais quant à
l'origine de vie physique.

Le plan divin de l'univers tel que Dieu l'a conçu
dans son infinie sagesse et réalisé par sa toute-puissance, embrasse tous les êtres créés et leurs rapports, les éléments et leurs propriétés, les forces
naturelles et les lois de leur action, tous les êtres
vivants et les formes variées par lesquelles la vie se
manifeste, depuis son plus bas degré jusqu'à sa plus
haute expression. Les espèces vivantes, comme tous
les êtres contingents procèdent originairement de la
Cause première, intelligente, créatrice, qui donne à
tous l'être, le mouvement et la vie. Tel est l'enseignement de la foi, en opposition déclarée avec l'enseignement matérialiste qui veut se passer de Dieu,
qui prétend expliquer toutes choses, et en particulier l'apparition, les variétés, les transformations
des êtres par le jeu des forces aveugles du monde
matériel. La Genèse nous montre le Créateur prési-

dant à l'arrangement de la matière qu'il a tirée du néant, à la formation des corps célestes, à la production des espèces végétales et animales. Ce dogme de notre foi est en même temps une nécessité confirmée par la science.

Quant à savoir si et dans quelle mesure le Créateur fait concourir les causes secondes à la production des phénomènes physiques, c'est une question dont la solution intéresse le philosophe, mais ne se lie pas d'une manière aussi étroite à la vérité révélée. Le monde est un système de forces régi par des lois permanentes; ces lois, ces forces, sont l'œuvre de la sagesse et de la puissance infinie; elles ne peuvent agir que sous l'influence et avec le concours de la Cause première. Mais de cette dépendance réelle et nécessaire on ne serait pas en droit de conclure, avec certains philosophes, que la Cause première agit seule dans la nature, ni que les êtres créés, privés d'énergie propre, se comportent à la manière des instruments passifs et inertes. Il y a des forces créées, des causes secondes, d'où procèdent immédiatement les phénomènes naturels, sous l'impulsion et la direction de la Cause première.

Loin de soutenir que le règne inorganique n'a concouru en rien à la production des êtres vivants, nous avons au contraire, avec les plus éminents physiologistes, reconnu le rôle important des forces et des lois physico-chimiques dans les phénomènes de la vie. C'est un fait constaté par l'expérience et qui a dû se produire dès l'origine. Alors, comme aujourd'hui, le principe vital, de quelque nom qu'on l'appelle, a dû mettre à contribution les forces, les éléments et les lois générales de la matière. Ceci, du reste, est parfaitement conforme à la manière dont s'exprime le texte sacré (1) : « Que la terre produise de l'herbe verte, qui porte de la graine selon son espèce, et des arbres fruitiers qui portent du fruit, chacun selon son espèce.... Que les eaux produisent des animaux vivants qui nagent et des oiseaux qui volent sur la terre, sous le firmament... Que la terre produise des animaux domestiques, les bêtes sauvages, »

Suit-il de là que les éléments physico-chimiques, par le seul effet de leurs propriétés essentielles et des lois générales de la matière brute, sans l'intervention spéciale d'un principe supérieur, se soient arrangés d'eux-mêmes, de manière à donner naissance à des êtres organisés et à constituer les espèces vivantes ? Voilà ce que nous repoussons au nom du bon sens, au nom de l'expérience, et nous pouvons ajouter, en conformité avec le texte sacré. Car après avoir dit : « Que les eaux, que la terre produisent des animaux vivants », Moïse ajoute : « Et Dieu créa les grands poissons et tous les animaux que les eaux produisent, chacun selon son espèce, et il créa aussi tous les oiseaux selon leur espèce...... Dieu fit les bêtes sauvages et les animaux domestiques et tous les reptiles, chacun selon son espèce (2). »

Les passages cités énoncent manifestement l'intervention active du Créateur dans la formation des espèces végétales et animales. Mais comment cette intervention a-t-elle eu lieu ? L'apparition de la vie a-t-elle été l'effet médiat ou immédiat de l'action divine ? Dieu a-t-il à l'origine, en même temps qu'il donnait l'être à la matière, déposé dans son sein les

(1) Gen. I, 11, 20, 24.
(2) Gen. I, 21, 25.

forces propres, germes ou virtualités, dont le développement devait, en temps donné, aboutir à la production des êtres vivants ? Ou bien ces principes, d'où la vie matérielle est sortie, ont-ils reçu l'existence au moment même où la vie s'est montrée à la surface de la terre ? Cette seconde manière de concevoir l'action divine paraît se rapprocher davantage du texte sacré, mais la première ne le contredit pas. C'est une question secondaire dont la solution ne sort pas clairement des principes révélés.

A plus forte raison, ces germes ou virtualités ont-ils pu être déposés à l'origine dans les premiers organismes que Dieu a créés. Ce n'est donc pas contredire les enseignements de la foi que d'attribuer la variété des espèces au développement de germes primitifs. Dans cette hypothèse, c'est Dieu, et lui seul, qui est l'auteur de la vie; il ne s'agit plus seulement des forces inconscientes de la nature; ces forces ne sont que des instruments mis en œuvre par une cause intelligente et libre, pour l'exécution d'un dessein préconçu.

Aux réserves déjà faites il convient d'en ajouter une autre impérieusement commandée par la foi. Admettons que le transformisme, appliqué aux degrés inférieurs de la série animale et mitigé dans le sens indiqué plus haut, ne soit pas en contradiction avec le dogme, il n'en est plus de même, et l'opposition devient flagrante, dès qu'il entreprend d'expliquer l'origine du composé humain par l'évolution des espèces moins élevées. La pensée, le libre arbitre, les faits de conscience procèdent d'un principe supérieur, non seulement à la matière brute, mais aux fonctions de la vie organique. L'âme vient d'ailleurs et de plus haut. La saine philosophie est d'accord sur ce point avec les enseignements de la foi. Reste la partie matérielle du composé. Peut-on du moins l'abandonner aux transformistes, et laisser dire que le corps de l'homme doit son origine première à l'évolution des êtres inférieurs? C'est une opinion difficile à concilier avec le texte sacré. Quand il est question des êtres inférieurs, l'action des causes secondes est clairement marquée, conjointement avec l'action supérieure de la Cause première. « Que les eaux produisent les poissons et les oiseaux...., Que la terre produise les animaux domestiques, les reptiles et les bêtes sauvages. » S'agit-il, au contraire, de la création de l'homme, ce n'est ni la mer, ni la terre qui figurent parmi les causes actives, c'est Dieu qui apparaît comme le facteur unique, empruntant au limon de la terre la matière qu'il va pétrir de ses mains; c'est la sainte Trinité qui entre en scène et tient en quelque sorte conseil pour donner à ce monde visible un couronnement digne de son Auteur. « Faisons l'homme à notre image...., Il le forma du limon de la terre; il répandit sur son visage un souffle de vie, et l'homme devint vivant et animé (1). » Les écrivains orthodoxes, ralliés à la doctrine évolutioniste, répondent que par le limon dont Dieu s'est servi, on peut entendre le limon déjà organisé, sous la forme d'un animal inférieur, du singe, par exemple ou de l'anthropopithèque. Cette interprétation, si elle n'est pas manifestement contraire au texte, paraîtra peu naturelle et forcée.

Le problème se complique d'une grave et délicate question, celle des rapports de l'âme raisonnable avec le corps matériel qu'elle anime et vivifie. Sous

____

(1) Gen. I, 26, 27. — II, 7.

quelle influence s'est opérée la transition du singe
à l'homme et la substitution de l'âme humaine à
l'âme simienne? Nous ne parlons pas des circonstances extérieures, mais de l'évolution interne du
principe vital. Est-ce avant, ou pendant, ou bien au
terme de cette évolution que le principe spirituel a
fait pour ainsi dire son entrée dans le nouvel organisme destiné à le recevoir? La réponse quelle qu'elle
soit, soulève de graves objections. Ne soyons pas trop
sévères envers ceux qui pensent que si l'homme vient
du singe, il en vient tout entier; que si au contraire
le principe spirituel qui vit en lui repousse une telle
descendance, c'est aussi l'homme tout entier qui
réclame une plus noble origine.

CHAPITRE III.

LE TRANSFORMISME ET LA SCIENCE. PERMANENCE ET FIXITÉ DES ESPÈCES.

Nous avons vu le matérialisme échouer dès les premiers pas contre l'impossibilité absolue d'expliquer le passage de la matière brute à la matière vivante par les seules forces et les seules lois du monde inorganique. Supposons néanmoins cette première difficulté vaincue, l'abîme comblé, l'intervalle franchi; admettons provisoirement que les agents physico-chimiques soient arrivés à produire un germe de vie, peu compliqué et aussi rapproché que possible des corps bruts. Le problème n'est pas résolu, il reste à montrer comment ce germe primitif a pu, en se transformant, produire, outre les races éteintes, toutes les espèces actuellement existantes, et cela, nous le répétons, sans le concours d'un principe d'organisation supérieur aux lois générales du monde inorganique.

Ce problème, les transformistes se flattent d'en avoir trouvé la solution; ils prétendent ramener la variété des espèces à un type unique, sorte de vésicule séminale qui aurait été le point de départ de tout être vivant. Pour arriver au premier anneau de la série, il faut passer par les espèces fossiles, antérieures aux espèces actuelles. Le premier anneau n'a pas été trouvé jusqu'à présent, mais la preuve qu'il existe ou qu'il a existé, c'est, dit-on, qu'en remontant toujours à travers les générations et les époques géologiques, la chaîne des êtres devient de plus en plus élémentaire, d'où l'on infère qu'elle doit se terminer à un point de départ peu différent de la matière inorganique. Ainsi tous les animaux, même les plus dissemblables, l'éléphant, l'oiseau-mouche, le serpent, le crapaud, sont tous issus du même ancêtre par une suite de transformations qui aboutit à l'homme en passant par le singe, notre ancêtre immédiat, ou si l'on aime mieux, par l'anthropopithèque, souche commune du singe et de l'homme. Le système se résume dans ces deux mots : descendance par la génération, et transformation graduelle sous l'influence des causes que nous aurons à examiner plus loin.

Ceux qui attribuent l'origine et la conservation de chaque espèce à la présence et à l'action d'un principe propre, d'une forme spécifique permanente, repoussent la double hypothèse de la descendance et de la transformation des espèces, au sens évolutioniste. Sans vouloir entrer dans tous les développements que comporte une question aussi vaste, nous tâcherons du moins de résumer, sous une forme aussi concise que possible, les arguments allégués de part et d'autre. Écoutons d'abord les partisans de la stabilité, sauf à laisser ensuite la parole à ceux de la variabilité indéfinie. Est-il besoin d'avertir que la stabilité dont il est ici question n'est point l'immutabilité absolue qui distingue les lois nécessaires de la métaphysique ou de la géométrie ? La permanence dont il s'agit est celle de l'ordre physique telle que Dieu l'a librement établie ; c'est l'ensemble des lois contingentes dont la conservation, comme celle du

mcndo lui-même, reste subordonnée à la libre vo-
lorté du Créateur.

La stabilité qui caractérise les lois de la nature,
les forces et les causes, les éléments et leurs propriétés essentielles, est-elle aussi l'apanage des espèces ? Un premier fait à citer en faveur de l'affirma-
tive est la fixité des types actuels. Qu'il y ait dans
chaque espèce un perfectionnement ou une détério-
ration possible des individus, que certaines particularités accidentelles, sous l'influence du milieu, de
l'alimentation, de la sélection naturelle ou artificielle, tendent à se perpétuer par la génération, et
donnent ainsi naissance à la variété des races, c'est
un fait d'expérience, et tout le monde est d'accord là-
dessus. Mais un fait non moins avéré, c'est que ni
ces variétés, ni ces perfectionnements ne vont jamais
jusqu'à franchir les limites de l'espèce par la formation d'espèces nouvelles. Si haut que l'on remonte
dans le cours des temps historiques, ce sont les formes actuelles qui apparaissent avec les caractères
qui les distinguent encore aujourd'hui. On en est
encore à trouver un seul exemple de la transformation d'une espèce dans une autre. Citons à ce sujet
l'auteur d'une étude approfondie sur la matière (1).

« Aucun des faits allégués ne montre qu'une espèce
se soit changée en une autre, ou du moins aucun ne
montre une transformation aboutissant à un type
assez différent du point de départ pour que les naturalistes descripteurs le regardent comme une espèce
distincte et légitime. La conclusion, c'est qu'une pareille métamorphose n'a jamais pu être saisie; car
il est de toute évidence que les transformistes se

____

(1) M. CONTEJEAN, dans la *Revue Scientifique*, T. VII.

seraient empressés de mettre en lumière un fait d'une importance aussi capitale. Ne portant que sur des formations ou des modifications de races ou de variétés, les expériences des transformistes sont d'ailleurs fort intéressantes, et nous ont appris beaucoup de détails jusqu'alors ignorés. Mais, je le répète, rien de probant en faveur de leur doctrine, je dirai même, rien de bien instructif. Avant eux on savait que les variations dont certaines espèces sont susceptibles ont une telle importance que les races fournies par un même type peuvent différer entre elles de toutes manières, infiniment plus que des espèces bien caractérisées ne s'éloignent l'une de l'autre. Par exemple la distance organique entre le lévrier et le bouledogue est beaucoup plus grande que celle qui peut exister entre le loup et le chien, le cheval et l'âne. On savait également que les variétés se produisent aussi bien chez les espèces sauvages, ce qui contribue à rendre à peu près inextricable la synonymie de certains genres, les rosiers, par exemple, où les types spécifiques sont presque insaisissables. Mais la preuve de la métamorphose d'une espèce dans une autre est encore à désirer. En attendant qu'on la produise, les innombrables faits de transformation invoqués jusqu'ici ne prouvent absolument rien en faveur de la doctrine. »

Le transformisme a donc contre lui le témoignage de l'expérience. Ses partisans le sentent si bien qu'ils se croient obligés de reculer l'application du système aux temps préhistoriques, à ces époques dites géologiques, qui ont précédé l'apparition de l'homme sur la terre. Mais comment cette loi de transformation, si féconde à l'origine, si variée dans ses effets, qu'elle a peuplé le monde de toutes les espèces animales et végétales existantes, a-t-elle perdu sa puissance au point de ne plus manifester son action nulle part depuis les temps historiques? Et si l'homme descend du singe, qui donc a établi entre eux, depuis six mille ans et plus, cette barrière que le singe n'a pu franchir et qui le maintient si fort au-dessous du sauvage le plus déshérité? A entendre les darwinistes, les formes actuelles descendent par voie de génération des formes géologiques. Voici ce que leur répond un écrivain d'ailleurs favorable à la théorie de l'évolution.

« On est en droit, dit M. Ch. Robin (1), de demander pour ces hypothèses une vérification, ne fût-ce que pour une seule de toutes les espèces vivantes, de manière à pouvoir déterminer, à l'aide de documents paléontologiques, de quels êtres elle descend. Or il est certain qu'il n'y a, jusqu'à présent, de donné comme preuves que des possibilités sur lesquelles peu de naturalistes s'accordent, non des réalités. Parmi toutes les espèces classées, et on sera toujours forcé de classer, ne fût-ce que pour faciliter l'étude, il n'en est pas une seule pour laquelle on ait pu prouver, autrement qu'à l'aide de paralogismes, qu'elle provient de telle ou telle espèce plus simple. »

Sans nul doute, il y a d'une période géologique à l'autre des changements considérables. Les formes animales et végétales, quant à leur ensemble, suivent, dans leur succession, une gradation ascendante des poissons aux reptiles, des reptiles aux mammifères, etc. Cette gradation accuse un progrès, un perfectionnement. Suit-il de là qu'il y ait eu transformation des unes dans les autres et descen-

______

(1) *Anatomie et Physiologie cellulaire*, Introd. p. XXXIV et suiv.

dance directe? Écoutons la réponse d'Agassiz : (1)
« Les faits sont bien posés, dit-il, et je n'ai aucune
remarque à faire; mais je soutiens que la conclusion
n'est pas logique. Il est vrai que l'espèce fossile
est limitée à une période géologique donnée, il est
également vrai que, dans toutes les formations géologiques, les espèces des périodes diffèrent les unes
des autres. Mais parce qu'elles diffèrent, s'ensuit-
il qu'elles sont modifiées, transmutées? N'ont-elles
pas été substituées, remplacées par d'autres? L'espace de temps nécessaire à l'opération ne fait rien
à la chose. »

Un second argument invoqué contre le système
transformiste est ce fait remarquable que l'union
des espèces même voisines ne produit jamais d'êtres
intermédiaires stables, par voie de génération
sexuelle. On a essayé maintes fois de fonder
des espèces nouvelles par le croisement des espèces
similaires, aucun de ces essais n'a réussi. Ou ces
unions demeurent stériles, ou les produits sont infé-
conds, ou la fécondité s'arrête après un petit nombre
de générations, ou bien enfin les descendants
retournent à l'un des deux types primitifs. Quoi de
plus propre à confirmer la doctrine de la permanence et de la fixité des types spécifiques? On
oppose à cette loi quelques exemples empruntés au
règne végétal. Ces prétendues exceptions s'expliquent par ce fait que l'on a donné le nom d'espèces à de simples variétés, surtout en botanique
où la ligne de démarcation est moins aisée à établir.
Ainsi l'*ægylops ovata* fécondée par le pollen du blé

____

(1) *De l'espèce et des classifications*, trad. par Vagelle,
1869.

d'Agde aurait, paraît-il, donné naissance à un hybride indéfiniment fécond, sous l'influence de la culture artificielle. De cet exemple, d'ailleurs contesté, on ne peut tirer aucune conséquence contre la doctrine de la permanence des espèces. Cette loi repose sur une masse de faits contre lesquels ne sauraient prévaloir quelques cas douteux ou mal expliqués.

L'infécondité crée entre les espèces même les plus voisines une barrière que la nature n'a franchie sur aucun point et que tous les efforts de l'industrie humaine n'ont jamais pu renverser. Le passage d'une forme spécifique à une autre par voie de descendance n'a été observé nulle part, ni à l'état sauvage, ni par la sélection artificielle. Les transformistes répliquent que cela peut être vrai des temps historiques, mais qu'aux âges géologiques, la nature se comportait autrement. Les lois qui président à la génération des êtres vivants auraient-elles donc été changées depuis l'apparition de l'homme ? Une doctrine aussi étrange trouvera sans doute peu de partisans. Elle aurait besoin de s'appuyer sur des preuves convaincantes et des faits irrécusables. Or, ces preuves, selon les transformistes, résulteraient de la continuité de développement qui relie les unes aux autres, par une gradation insensible, les espèces fossiles et permet de supposer entre elles un rapport de descendance.

M. A. Gaudry, à qui une série d'ouvrages très remarquables (1) a conquis une juste célébrité comme paléontologiste, fait valoir en faveur du

____

(1) Mammifères tertiaires. — Fossiles primaires, matériaux pour servir à l'histoire des temps quaternaires. — Les ancêtres des animaux.

transformisme les nombreuses formes intermédiaires que ses fouilles et ses découvertes lui ont montrées ménageant la transition des anciens types aux formes plus récentes. « Ce qui excite l'étonnement, dit à ce sujet M. Milne-Edwards (1), c'est l'infinie variété des formes zoologiques qui rend souvent presque impossible l'application des classifications considérées jusqu'à présent comme les mieux établies. Souvent une espèce ne diffère des espèces voisines que par des nuances imperceptibles ; les types de transition abondent, et l'on trouve de nombreux intermédiaires entre des groupes que l'on était habitué jusqu'ici à considérer comme distincts.»

La conclusion de M. Gaudry est qu'il existe entre ces espèces fossiles, non seulement un ordre de succession, mais un enchaînement réel, un lien de dérivation, en sorte que les êtres actuels descendent de ceux qui les ont précédés dans les temps géologiques. Le raisonnement pèche, à notre avis, par la base. Les transformistes se maintiennent strictement sur le terrain morphologique ; on a signalé des ressemblances, retrouvé des anneaux, comblé des lacunes de la série animale. Mais la ressemblance morphologique ne suffit pas à constituer ni à distinguer les espèces ; il existe un caractère plus important, plus foncier, c'est la fécondité continue. On a beau multiplier les traits de similitude, on n'a pas démontré par là que les espèces descendent les unes des autres. Considérons ce qui se passe sous nos yeux ; la faune actuelle nous présente des espèces aussi voisines que pouvaient l'être les espèces fossiles, et séparées seulement par des différences en apparence insignifiantes, v. g., le zèbre et le cheval,

(1) Disc. à l'Académie des Sciences, 21 février 1881.

le lièvre et le lapin. Et pourtant ce sont des espèces profondément distinctes, il y a entre elles la barrière infranchissable dont nous parlions tout à l'heure, l'infécondité.

Peut-on dire que le but soit atteint et la question définitivement résolue, même au point de vue exclusivement morphologique? Nous ne le pensons pas. Les intermédiaires, en rendant les transitions moins brusques, ne suppriment pas les différences; et ces différences sont aussi tranchées pour les espèces fossiles que pour les espèces actuelles. On constate, à chaque degré spécifique, des caractères propres qui ne s'expliquent point par le simple développement des organismes inférieurs. D'ailleurs, ainsi que le remarque avec raison M. de Nadaillac (1), « la paléontologie ne peut considérer que les caractères ostéologiques, et quelle que soit leur importance, il faut tenir compte aussi des parties molles... Les faits paléontologiques eux-mêmes ne concordent pas et ne peuvent donner une conclusion certaine. Tantôt nous voyons des types presque identiques avec ceux des premiers âges géologiques vivant côte à côte avec d'autres dont les périodes même les plus voisines de la nôtre semblent n'avoir connu aucun précurseur; tantôt c'est l'inverse, et certains terrains offrent, au milieu d'espèces dont il est aisé aujourd'hui de reconnaître les congénères, des formes organiques dont la nature actuelle ne garde nul témoin. »

Dieu a, dès l'origine, créé les espèces animales et végétales; il les a, pour ainsi dire, marquées de son sceau pour leur assurer la permanence et l'invaria-

<hr>

(1) L'origine et le développement de la Vie sur le globe, *Correspondant*, 10 nov. 1888.

bilité. Telle est la solution vraiment scientifique du problème, la seule qui réunisse en sa faveur la triple autorité de la tradition, du raisonnement et de l'expérience. Nos adversaires lui reprochent son prétendu caractère antiscientifique. La science, disent-ils, cherche dans la nature elle-même, dans ses lois, ses forces et dans l'action de ces forces, l'explication des faits naturels. Vous, au contraire, vous appelez à votre aide un agent supérieur à la nature, et par suite, une cause surnaturelle dont l'action se manifeste par la destruction des formes anciennes et la production de formes nouvelles. N'est-ce pas la ce qu'on appelle le miracle ? — Non, ce n'est point le miracle. Le miracle suppose l'existence de la nature, de ses éléments et de ses lois, puisqu'il implique une dérogation momentanée à ces lois, sous l'influence d'une cause supérieure à la nature. Mais appeler miracle l'action nécessaire de la Cause première à l'origine des existences, pour créer la matière, établir les lois du monde physique, c'est donner au sens des mots une extension abusive. Ainsi que nous l'avons déjà fait remarquer, le recours à la Cause première, là où les causes secondes font défaut, est une nécessité imposée par la science, et partant, un procédé rigoureusement scientifique. D'où viennent les forces matérielles et les lois de leur action? Il faut sortir de la nature pour en trouver la cause. La vie, elle aussi, nous l'avons montré, réclame un principe supérieur à la matière; pourquoi ce qui est vrai de la vie en général ne le serait-il pas également des formes particulières de la vie, des espèces vivantes?

La doctrine des créations successives, appliquée au renouvellement graduel des formes spécifiques, a paru à certains esprits peu conforme à l'idée que la raison nous donne de la sagesse et de la majesté du Créateur. Dieu intervenant sans cesse pour corriger son œuvre, anéantir les formes anciennes et les remplacer par d'autres, ne ressemble-t-il pas à un ouvrier peu sûr de lui-même et n'arrivant que par une suite de tâtonnements à perfectionner son propre ouvrage ? Il est vrai, répondrons-nous, que le monde a passé par une succession d'états divers, avant de devenir le vaste et harmonieux ensemble qui frappe aujourd'hui nos regards, mais ces changements ne sont ni des corrections, ni des tâtonnements : c'est la mise à exécution d'un plan conçu d'avance et réalisé progressivement, dans le temps et dans l'espace, par la puissance créatrice. Il y a plus qu'un ordre de succession, il y a un enchaînement à la fois réel et rationnel entre les formations variées qui ont plusieurs fois modifié la physionomie du globe terrestre. Cet ordre n'a rien de capricieux ; nous avons montré ailleurs comment le règne inorganique a dû précéder le règne végétal, celui-ci le règne animal, ce dernier enfin l'apparition de l'homme. Quant à la disparition des espèces éteintes et à la production d'espèces nouvelles, il suffit de remarquer que chacun des états antérieurs du globe, comportant des conditions spéciales d'existence, a dû amener, en même temps que la production d'espèces nouvelles, la disparition de celles à qui ces conditions ne permettaient plus de vivre. C'est ainsi, pour ne citer qu'un exemple, que les poissons primitifs, destinés à vivre au sein des eaux thermales, ont dû céder la place aux poissons actuels par suite du refroidissement des mers anciennes.

Mais pourquoi ces interventions successives de la Divinité ? Ne serait-il pas plus digne de Dieu de gouverner le monde par des lois générales et par le simple jeu des causes secondes, des forces créées dont il a dès l'origine prévu les effets, coordonné les développements et réglé le mode d'action ? C'est en effet ce que Dieu a fait dès le commencement en soumettant le monde visible aux lois qui en assurent le bon ordre et la stabilité. Mais s'est-il ôté par là le droit et le pouvoir de perfectionner son œuvre par des volontés particulières, dans l'ordre de la nature aussi bien que dans celui de la grâce ? Le prétendre serait rendre impossible le gouvernement providentiel, en méconnaître le caractère fondamental ; ce serait renverser la base même de la religion. Qu'est-ce en effet que la religion à son origine et dans le cours de son histoire, sinon l'intervention continuelle de Dieu dans ses rapports avec l'homme et l'humanité ? Cette répugnance de certains esprits à l'égard de la causalité divine dans la production des faits naturels ne repose sur aucun fondement sérieux. Elle se conçoit chez ceux qui font de Dieu un être impersonnel, la substance du monde, une sorte de principe abstrait ; elle ne se conçoit pas chez ceux qui reconnaissent l'existence d'un Dieu libre et personnel.

Nous ne voyons donc aucune raison valable de repousser la doctrine des créations successives appliquée aux espèces vivantes. Que si l'on aime mieux rattacher la variété des types spécifiques à certains germes primitifs originairement déposés dans la matière par le Créateur, jusqu'au moment où le cours des choses en amènerait l'actualisation et le développement, nous n'y ferons pas d'objection. Ces germes créés au commencement, ces *rationes seminales*, comme s'exprime saint Augustin, et après lui saint Thomas (1), renfermaient en eux la raison

(1) *Summ. Théol.*, I, q. 71, a. unic. P. I, q. 69, a. 2. — q. 115, a. 2.

d'être et la forme caractéristique de l'espèce qui devait en sortir plus tard. Cette théorie n'a rien de commun avec le transformisme. Que Dieu ait créé tous les types spécifiques simultanément ou successivement, c'est une question secondaire.

————

CHAPITRE IV.

ARGUMENTS DES TRANSFORMISTES.

Ces arguments, ou, pour mieux dire, les faits cités comme preuves du système, sont de deux sortes : les uns tendent à prouver l'existence des transformations spécifiques; les autres ont pour objet de montrer comment et sous l'influence de quelles causes ces transformations s'opèrent. Les premiers sont au nombre de trois principaux, les métamorphoses embryonnaires, la présence de certains organes rudimentaires et les cas d'atavisme.

Les transformistes tirent des métamorphoses embryonnaires, sinon une preuve décisive, du moins une forte présomption en faveur de leur théorie. L'homme et les animaux supérieurs passent, avant leur naissance, par des états analogues à ceux que représentent les animaux inférieurs ; ils sont tour à tour zoophytes, poissons, batraciens, reptiles; etc. Chez les espèces inférieures, le développement s'arrête à un certain degré; chez les autres, il continue sa marche ascendante; c'est chez l'homme qu'il atteint, du moins jusqu'à présent, son point le plus élevé. Selon Hæckel, l'individu refait, pour ainsi dire, dans le sein de sa mère, le chemin parcouru par l'espèce elle-même depuis l'origine de la vie animale; la succession des états embryonnaires marque les étapes par lesquelles l'espèce a dû passer avant d'arriver à sa forme actuelle.

Remarquons d'abord tout ce qu'il y a d'hypothétique et de hasardé dans cette conclusion. Le point de départ du raisonnement est loin d'être solidement établi : les vagues et lointaines ressemblances que l'on signale n'ont rien de précis et serviront à prouver tout ce que l'on voudra ; les phases de l'état embryonnaire ont été sérieusement contestées ; la série laisse de graves et nombreuses lacunes qu'on n'a pu combler qu'en apparence, par l'intercalation de formes fantaisistes.

Mais les métamorphoses fussent-elles aussi nettement accusées qu'on l'affirme, la conséquence qu'on en tire par rapport à la transformation des types spéc.fiques, n'en serait pas mieux justifiée. Pourquoi le développement auquel on attribue les formes supérieures s'est-il arrêté et demeure-t-il stationnaire chez les espèces inférieures, tandis qu'il poursuit sa progression ascendante chez les autres? Pourquoi les poissons, les batraciens, les reptiles, n'ont-ils jamais pu s'élever plus haut depuis des milliers d'années? Il y a eu, dit-on, chez eux comme chez tous les animaux inférieurs à l'homme, un arrêt de développement. Mais d'où vient cet arrêt et quelle en est la cause? Il faut bien qu'il existe pour chaque espèce un principe distinct, une propriété particulière qui limite ce développement à tel degré précis, enfermant l'espèce dans des bornes qu'il ne lui est plus permis de franchir, et cela, contrairement à la théorie transformiste.

Les darwinistes, Hæckel en particulier, exagèrent singulièrement les rapports d'analogie que présente la succession des états embryonnaires avec la série des espèces inférieures. C'est ce que met parfaitement en lumière l'auteur d'un remarquable ouvrage

sur ce sujet, M. E. Von Beer (1). Il montre par de
fines observations et une analyse exacte que les
ressemblances signalées n'ont ni l'importance, ni
la signification qu'on leur attribue pour les besoins
de la cause. Elles sont telles qu'on devait les attendre
d'une formation progressive qui débute par les linéa-
ments communs à tous les êtres vivants, procède
des caractères généraux de l'organisation aux propriétés différentielles qui constituent les ordres, les
familles, les genres et les espèces. Aucun des états
embryonnaires ne représente une forme spécifique
existant ou ayant existé dans la nature. La transition
de l'un à l'autre est le passage du général au particulier, non celui d'une espèce déterminée à une
autre espèce arrêtée dans ses contours, comme l'exi-
gerait la théorie transformiste.

Un second argument de l'évolutionisme est la
présence chez certains animaux, d'organes rudimentaires (2), sans fonctions et par suite sans utilité
tels que les fausses mamelles des mâles, les lobes
des poumons chez les serpents, les rudiments de
l'aile chez certains oiseaux, les ailes membraneuses
de certains insectes dont les élytres sont soudées,
les petits os cachés dans les pieds du cheval et qui
représentent des doigts ébauchés. Les transformistes
donnent aux rudiments de ce genre le nom d'or-
ganes-témoins, parce qu'ils les considèrent comme
les restes, comme les témoins d'organes plus déve-
loppés qu'auraient possédés les ancêtres de ces animaux, ou comme l'annonce et le prélude de développements ultérieurs.

Ces organes rudimentaires, impropres à la fonc-

(1) Die studien aus dem Gebiet der Naturw. 2 B, S. 423-457.
(2) DARWIN Orig. des espèces. Trad. Moulinié, p. 474.

tion qu'ils sont appelés à remplir à l'état de complet développement, sont-ils également inutiles sous d'autres rapports? Ils font partie intégrante de l'organisme, et pour les supprimer entièrement il faudrait modifier profondément l'organisme lui-même et bouleverser l'économie du plan général. Ceci nous conduit à l'explication la plus naturelle de ces particularités, qui d'ailleurs ne se montrent dans la nature que sous forme d'exceptions. Cette explication est l'unité de plan et de structure qui relie les uns aux autres, de manière à former un ensemble harmonique, les organes de plus en plus compliqués des êtres vivants. Le dessin général reste le même, tout en s'accommodant à la diversité des formes spécifiques. De cette accommodation, il résulte parfois que certaines parties, moins appropriées à la fonction propre de l'espèce, devront être, sinon entièrement sacrifiées, du moins ramenées à de moindres proportions et plus ou moins ébauchées. Ainsi fait l'architecte dans la construction d'un édifice; certaines parties sont mises en relief, d'autres laissées dans l'ombre ou simplement simulées selon la destination du monument, les exigences de la symétrie et l'harmonie de l'ensemble.

Il arrive parfois qu'un animal, un mammifère, par exemple, offre certains traits de ressemblance avec des espèces d'un ordre inférieur, telles que les reptiles ou les poissons. Ce sont, disent les transformistes, des cas d'atavisme, c'est-à-dire l'application de cette loi en vertu de laquelle un animal quelconque reproduit inopinément les caractères de l'un de ses ancêtres dont il est séparé par plusieurs générations. Encore une hypothèse gratuite. Ces monstruosités où l'on veut voir des cas d'atavisme sont tout simplement des cas pathologiques. Si ces prétendus cas d'atavisme dénotaient quelque chose, ce serait encore l'unité de plan. « On admettra sans peine, dit l'écrivain cité plus haut (1), que les modifications accidentelles des individus se rapprochent surtout de la manière d'être habituelle du groupe auquel ils appartiennent. Il est naturel que les chevaux et les ânes aient quelquefois les jambes zébrées, puisque, sauf le cheval, toutes les espèces du genre *Equus* sont rayées de diverses façons, mais cela ne prouve nullement, comme on l'a dit, qu'ils aient eu un ancêtre commun à robe rayée. »

Il nous reste à examiner brièvement les faits, ou plutôt les hypothèses à l'aide desquelles Darwin essaie de prouver en même temps l'existence, la possibilité et même la nécessité des transformations spécifiques. Ce sont : l'adaptation au milieu, la sélection naturelle ou artificielle et la lutte pour l'existence. L'adaptation au milieu est un fait d'expérience. Les êtres vivants en changeant de climat, de température, etc., subissent dans leurs organes certaines modifications en rapport avec leurs nouvelles conditions d'existence. Mais ces modifications n'affectent que des caractères accessoires ; elles ne s'écartent jamais du type spécifique au point de produire des espèces nouvelles ; enfin elles disparaissent avec les changements de milieu qui leur avaient donné naissance.

. Il n'en faut pas demander davantage à la sélection. La sélection artificielle où l'homme intervient dans le choix des individus reproducteurs ne produit que des races ou variétés nouvelles ; peut-on espérer d'autres résultats de la sélection naturelle où les unions sont abandonnées au hasard ? On dit que la

____

(1) M. Contejean. *Ibid,*

sélection naturelle a pour elle un facteur bien autrement puissant que l'action de l'homme, c'est le temps, qui, par l'accumulation de résultats en euxmêmes insignifiants, arrive à des effets surprenants. Mais où sont ces effets ? Si la théorie est vraie, on doit constater une progression croissante, un perfectionnement successif, chez les animaux sauvages, par exemple. Or, il n'en est rien ; depuis plus de six mille ans, aucun changement notable ne s'est produit ; les végétaux et les animaux sont demeurés ce qu'ils étaient ; nulle part on n'a constaté l'existence de races hybrides nées du croisement des races sauvages.

Il faut en dire autant de la lutte pour l'existence à laquelle les darwinistes attribuent une importance hors de proportion avec l'effet produit. C'est le plus fort qui triomphera dans la lutte, dit-on, mais en sera-t-il transformé pour cela, surtout au point de constituer une nouvelle forme spécifique ? Tout au plus la race la plus vigoureuse subsistera seule, et encore que d'exceptions à la règle, si elle existe ! Combien de races et de variétés inférieures n'ont pas laissé de se maintenir en concurrence avec les races supérieures, et cela, dès les temps historiques les plus reculés ! La même observation, de l'aveu de M. A. Gaudry, est également vraie des temps préhistoriques ; parmi les espèces anciennes, ce sont les plus fortes et les mieux douées qui ont disparu, et les êtres les plus imparfaits, les organismes les plus inférieurs qui ont survécu. Quoi qu'il en soit, autre chose est la modification, ou, si l'on veut, l'amélioration de l'espèce, autre chose est sa transformation en une nouvelle forme spécifique.

CHAPITRE V.

LES PRÉCURSEURS DE L'HOMME, SELON LES TRANSFOR-MISTES, L'HOMME TERTIAIRE.

La prétention du transformisme est, comme on l'a vu, de retrouver dans la série des faunes fossiles, la trace des métamorphoses qui ont ménagé la transition de formes antérieures aux espèces actuellement existantes. La théorie veut que les êtres vivants traversent une suite de changements dont chacun prépare le suivant, en se rapprochant de plus en plus des types actuels. Si telle est la loi, l'homme n'y a point échappé ; il a eu des précurseurs qui lui ont frayé la voie et d'où il est descendu. Le précurseur immédiat de l'homme n'est pas le singe, celui du moins que nous connaissons : la distance est trop grande encore, il a fallu, pour la franchir, passer par des degrés intermédiaires. M. de Mortillet en compte trois qu'il réunit dans un genre spécial, le genre anthropopithèque. Il précise même l'époque à laquelle ces êtres ont vécu ; c'est vers le milieu de la période tertiaire que le plus ancien de ces précurseurs s'est perfectionné au point de n'être plus confondu avec le singe, son ancêtre immédiat (1).

(1) *Bulletin de la Société d'Anthropologie*, T. VIII, p. 674 et suiv.

Le singe est resté, mais, chose étrange, l'anthropo-pithèque a disparu. Pourquoi cette différence ? On ne le dit pas.

Il a si bien disparu qu'on ne découvre sa trace nulle part; en dépit de toutes les recherches, ses restes fossiles sont introuvables. Ils ont existé pourtant, répondent les transformistes; on les trouvera quelque jour, la théorie de l'évolution l'exige ainsi. Mais la question est précisément de savoir si la théorie est autre chose qu'une hypothèse. On vous demande des faits et vous apportez en preuve ceux qui *ont dû* se produire si la théorie est vraie ? Singulier raisonnement qui pose en principe de démonstration ce qui est à démontrer.

Le fait est que l'homme fossile et l'homme actuel appartiennent au même type spécifique. De tous les crânes et squelettes mis au jour, aucun ne révèle une espèce différente de celle qui existe aujourd'hui. On a formé des races, des variétés, mais chez tous ces débris fossiles, sans exception, on a reconnu le type humain. Le crâne du vieillard de Cro-Magnon dépasse de 119 millimètres la capacité moyenne des crânes parisiens modernes. Quant à l'anthropopi-thèque, aucun géologue ne l'a rencontré; nul indice ne permet d'en soupçonner l'existence.

Les restes humains jusqu'ici découverts, répliquent les transformistes, appartiennent aux terrains qua-ternaires. C'est dans les terrains tertiaires qu'il faut chercher l'homme-singe, et c'est là, disent-ils, qu'on le trouvera. Attendons que l'événement ait vérifié la prophétie. Toujours est-il que les explorations les plus actives, multipliées sur les points les plus divers, n'ont amené aucun résultat. On cite, à la vérité, des haches en silex trouvées, dit-on, dans les couches tertiaires. Voilà, s'écrient les transformistes, la trace visible du précurseur de l'homme, et la preuve que l'anthropopithèque n'est point une chimère. Qui aurait taillé ces silex, si ce n'est lui ?

Admettons provisoirement que les silex en question ont été taillés intentionnellement, qu'ils remontent à l'époque tertiaire, qu'ils ont précédé la création adamique. Il s'ensuivra que l'homme a eu des précurseurs, qu'une espèce plus ou moins voisine de la nôtre, mais aujourd'hui éteinte, a foulé avant nous le sol que nous occupons. Mais ces anthropoïdes sont-ils en même temps nos prédécesseurs et nos ancêtres ? Leur existence, fût-elle aussi rigoureusement démontrée qu'elle l'est peu, ne prouverait nullement le rapport de filiation exigé par la théorie évolutioniste. Ce qu'il faudrait démontrer, et ce qui ne découle nullement des faits allégués, c'est que l'espèce humaine actuelle procède directement d'une espèce inférieure, laquelle, à son tour, devrait son origine à l'évolution progressive d'une forme plus ancienne.

Les silex taillés des calcaires de la Beauce et d'autres contrées n'embarrassent nullement les partisans de l'homme tertiaire. Qu'est-il besoin des anthropopithèques pour expliquer la fabrication de ces outils? Est-ce que l'homme lui-même ne suffit pas à une pareille tâche? Ces faits, s'ils étaient bien établis, ce que nous sommes loin d'admettre, prouveraient la nécessité de remonter plus haut qu'on ne le fait communément, au delà des temps quaternaires, pour rencontrer le berceau de notre espèce, sans recourir à la supposition d'un précurseur quelconque.

Naturellement les darwinistes contestent l'existence de l'homme pliocène ou myocène. Comment, disent-ils, l'homme aurait-il pu continuer à vivre

alors que tous les mammifères, ses contemporains,
ont disparu et ont été remplacés par de nouvelles
espèces, par des genres nouveaux. Entre eux et lui,
il n'existe en réalité que des différences morpholo-
giques; l'organisation, les nécessités physiologiques
sont les mêmes au fond. Par conséquent les causes
qui ont amené l'extinction des espèces animales ont
également pesé sur l'homme, et le résultat a dû être
le même.

Cette raison paraît sans valeur à M. de Quatrefages, défenseur de l'homme tertiaire (1). « Sans
doute, au point de vue du corps, l'homme n'est
qu'un mammifère. Mais il est doué d'une faculté
d'adaptation aux divers milieux dont il a donné,
dont il donne chaque jour la preuve. Surtout, il
possède une intelligence incomparablement supérieure à celle des animaux. Grâce à elle, il a tra-
versé une époque géologique fort différente de celle
où il vit aujourd'hui; grâce à elle, il occupe la terre
entière, combattant et surmontant toutes les diffi-
cultés d'existence que lui opposent les climats, les
milieux les plus différents. Il n'y aurait donc rien
d'étrange à ce que, né aux plus anciens temps de la
création mammalogique, il eût atteint l'époque
géologique actuelle à travers une ou deux révolu-
tions géologiques de plus. En fait l'homme porte en
lui les moyens de lutter contre la nature; à la seule
condition de trouver le boire et le manger, son
organisation lui permet d'exister partout où un mammifère peut vivre. Il a donc pu être le contemporain
des premiers animaux de ce type, qui remonte,
comme on sait, jusqu'à l'époque secondaire. L'exis-

(1) *Journal des Savants*, Archéologie préhistorique. Décembre 1881, p. 745, et suiv.

tence de l'homme secondaire n'aurait donc rien de
contraire aux données de la science. A plus forte
raison en est-il de même pour l'homme tertiaire.»

Nous reviendrons tout à l'heure sur cette question
de l'homme tertiaire et sur les découvertes à l'aide
desquelles on prétend établir son existence. Les
transformistes s'en sont emparés dans l'intérêt de
leur système. C'est bâtir une hypothèse sur des faits
au moins douteux, sur des faits qui, même bien
établis, ne justifieraient pas les inductions qu'on en
tire. L'homme-singe, notre ancêtre immédiat, selon
les transformistes, ne s'est révélé nulle part; il n'a
laissé de son passage aucune trace qui permette d'en
affirmer certainement l'existence. Cette absence
de tout vestige d'un intermédiaire dont la théorie
évolutioniste ne peut se passer, forme contre la
théorie elle-même une grave présomption.

Quant à l'homme tertiaire, dont la suite de cette
discussion nous amène à parler, il en est de lui
comme de l'anthropopithèque; ses restes fossiles sont
inconnus, mais il a, dit-on, laissé la trace de son
industrie dans des terrains appartenant à cette
époque. On cite en particulier les silex trouvés dans
les sablières de Saint-Prest, non loin de Chartres,
dans des terrains encore plus anciens, en Toscane,
mais surtout dans les couches myocènes de Thénay
(Loir-et-Cher), par l'abbé Bourgeois, l'un des plus
ardents champions de l'homme tertiaire. Ces silex
sont engagés à environ cinq mètres de profondeur
dans une couche de marne feuilletée de soixante
centimètres d'épaisseur. Quelques-uns sont brisés en
éclats de diverses grosseurs et présentent sur l'une
de leurs arêtes de petites échancrures ou retailles,
où quelques savants, à la suite de l'abbé Bourgeois,
ont cru voir l'œuvre d'une main intelligente. Or,

c'est par milliers de siècles que se chiffre la prodigieuse antiquité de l'époque tertiaire.

Nous pourrions nous dispenser d'aborder cette question jusqu'à ce que les savants se soient mis d'accord sur l'existence de l'homme tertiaire. La découverte de M. l'abbé Bourgeois a soulevé, non diriné, la controverse. La taille intentionnelle des silex a été niée par les uns, révoquée en doute par les autres. « Bien des archéologues ou des naturalistes sans parti pris, je dois le dire, contre l'homme myocène, se refusèrent à reconnaître des instruments dans ces éclats grossiers. » Ainsi s'exprime M. Hamy, dans son *Précis de paléontologie humaine,* et il ajoute que « les pierres de M. l'abbé Bourgeois sont généralement mal accueillies dans les sociétés savantes. »

Dans le cours de l'année 1873, M. Abel Maître, attaché au Musée archéologique de Saint-Germain, soumit à un examen attentif le gisement de Thénay, et recueillit sur place de nombreux échantillons des silex qu'il renferme. Voici la conclusion de son rapport publié seulement en 1883 (1). « Lorsque nos fouilles ont été terminées à Thénay, M. l'abbé Bourgeois m'a demandé si j'étais bien convaincu de la présence de l'homme, je lui ai dit qu'après avoir examiné avec le plus grand soin tous les silex provenant de mes fouilles, les petits comme les gros, j'étais moins convaincu que jamais, n'ayant pu trouver sur les silex aucune trace d'un travail voulu et fait de main d'homme, ni dans les casses des gros silex, non plus que dans les ébréchures

(1) *Revue Archéologique,* Sept. 1883, p. 144.

qu'on prend pour des retouches faites de main d'homme. »

M. Alexandre Bertrand, directeur du Musée de Saint-Germain ajoute à la conclusion qu'on vient de lire la note suivante : « Depuis 1873, aucun fait nouveau n'est venu infirmer les conclusions de ce rapport. Ces traces de la main d'homme sur les silex de Thénay sont de plus en plus contestées par les hommes de science. Il n'est pas même bien sûr aujourd'hui que ces silex aient subi l'action du feu. M. Damour, si compétent en pareille matière, déclare que l'altération constatée à la surface de ces silex, même les craquelures, peuvent s'expliquer par des causes naturelles autres que l'action du feu. S'il n'en faut pas conclure que l'homme n'existait pas à l'époque tertiaire, il faut avouer au moins que les preuves de son existence doivent être cherchées ailleurs. » La même conclusion s'applique manifestement à l'anthropopithèque.

La question de l'homme tertiaire, discutée au Congrès archéologique de Lisbonne, y a perdu plutôt que gagné du terrain. On y présentait des silex qu'on disait taillés et extraits d'un terrain tertiaire. Or ces deux conditions manquent à la fois : ces silex sont des éclats naturels et le terrain d'où ils proviennent est postérieur au tertiaire. « On ne saurait trop le répéter, dit un savant très autorisé (1) ; pour établir que l'on a affaire à de véritables instruments humains, il faut désormais autre chose que la taille des silex, quelque intentionnelle qu'elle semble à première vue. Même sur les terrains modernes, les archéologues exigent maintenant

____

(1) Le P. Van den Gheln. L'Archéologie préhist. en Belgique, V. *Revue des Quest. Scient,* T, VI, p. 348.

la réunion d'un ensemble de caractères qui sont : la répétition en grand nombre d'un même type, les traces d'usure, la facilité relative d'adaptation, la trace du feu, le voisinage d'un foyer antique, la proximité d'ossements en rapports anatomiques normaux, où présentant des entailles, ou à demi carbonisés. Or jusqu'à présent ces conditions ne se sont pas réalisées pour les terrains tertiaires. »

CHAPITRE VI.

RÉPONSE A UN ARGUMENT DES TRANSFORMISTES.

Selon l'évolutionisme, chaque espèce, produit du développement des espèces inférieures, est destinée à continuer son mouvement ascensionnel, conservant sans doute une fixité relative et temporaire, mais jusqu'au jour seulement où, grâce à des circonstances favorables, elle cessera d'exister sous sa forme actuelle pour renaître en quelque sorte sous une forme plus parfaite. A cette théorie nous avons opposé l'expérience des temps historiques. Depuis les temps historiques, en effet, la loi d'évolution est passée à l'état de lettre morte, aucune espèce ne s'est transformée en une autre espèce ; le froment est resté du froment ; le lion d'autrefois se reconnaîtrait avec ses traits caractéristiques dans ses descendants ; l'homme moderne, comme type spécifique, n'a rien ajouté, ni rien retranché à l'héritage de ses ancêtres.

Les transformistes répondent que l'évolution d'une espèce est une œuvre à laquelle doivent concourir deux sortes de facteurs et que ces facteurs ont fait défaut depuis l'ère historique. Le premier c'est le temps : pour franchir le passage d'une espèce à une autre, six mille ans, dix mille ans, si l'on veut, ne suffisent pas. C'est par centaines de milliers d'années que se chiffre la durée nécessaire à la transformation d'un type spécifique. Est-il étonnant qu'on ne signale aucun changement de ce genre depuis l'origine de l'histoire?

Un second ordre de facteurs comprend les conditions extérieures d'existence, le sol, le climat, l'alimentation, etc. Le temps, par lui-même, n'explique rien, mais en se prolongeant, il permet aux causes naturelles d'agir, aux circonstances favorables de se produire. Or depuis la fin des temps quaternaires, il ne s'est produit ni dans le sol terrestre, ni dans les agents atmosphériques, aucun changement capable de modifier, soit la constitution intime, soit la forme extérieure des êtres vivants, au point de les faire passer d'une espèce à une autre espèce. Ces transformations mystérieuses n'appartiennent pas aux temps historiques ; c'est dans les périodes antérieures qu'elles ont reçu leur accomplissement.

Puisqu'on nous renvoie à la préhistoire, demandons à la préhistoire les renseignements que l'histoire nous refuse. Or, la première tient absolument le même langage que la seconde. Entre l'homme quaternaire et l'homme actuel, il n'existe aucune différence spécifique, telle est l'opinion des anthropologistes les plus compétents, entre autres MM. de Quatrefages et Hamy. On signale certaines particularités dans la configuration du crâne et dans certaines parties du squelette, chez quelques individus isolés. Ces caractères, ou plutôt ces difformités, où l'on a cru voir une déviation de l'espèce, sont purement accidentelles et se reproduisent encore aujourd'hui. Il suffit d'ouvrir les yeux et de regarder autour de soi pour en trouver des exemples, sans qu'il vienne à la pensée de personne de reléguer hors de l'espèce, les individus qui en sont affectés. Les rares spécimens, que l'on rapporte au début des temps quaternaires n'ont rien que d'absolument humain, rien qui dérive d'une forme simienne connue ou supposée.

Maintenant il s'agit de concilier cette immobilité du type avec la loi d'évolution si chère aux transformistes. Comment l'homme est-il demeuré stationnaire pendant des milliers d'années, même de siècles, suivant la chronologie évolutioniste? Ce n'est pas le temps qui a fait défaut. M. de Mortillet, depuis le commencement des temps quaternaires et par suite, selon lui, depuis l'apparition de l'homme, n'exige pas moins de deux cent quarante mille ans répartis comme il suit : — époque chelléenne, 7 800 ans; — époque moustérienne ou glaciaire, 100 000 ans ; — Solutréenne, 11 000 ans ; — Magdalénienne, 33 000 ans. Ajoutez dix à douze mille ans pour le passage des temps géologiques aux temps historiques, enfin six mille ans pour ces derniers, total 240 000 ans. C'est quelque chose, bien que d'autres réclament encore davantage. Si ce long espace de temps ne suffit pas, combien de milliers de siècles faudra-t-il attendre encore pour assister à la transformation de notre espèce?

Quant aux changements climatériques et autres, nécessaires, dit-on, pour que la loi d'évolution produise ses effets, s'ils sont peu sensibles depuis les temps historiques, il en est tout autrement d'une époque qui a vu le soulèvement des montagnes, l'invasion des plaines par les glaciers, les extrêmes opposés de la température, et tant d'autres phénomènes d'une puissance, d'une intensité dont nous avons peine à nous former une idée. Et, qu'on le remarque bien, notre raisonnement conserve sa valeur indépendamment des calculs imaginaires de M. de Mortillet et de certains géologues sur la durée des temps quaternaires. L'homme contemporain de cette période a vu tous ces changements, et il est resté ce qu'il était, au mépris de la prétendue loi qui assujettit les êtres vivants à une transformation progressive et continue. Il n'est pas le seul; le singe par exemple, notre congénère, selon les transformistes, a eu tout le temps de nous rejoindre, et il n'a pas fait un pas vers nous.

Citons, en finissant, la déclaration suivante de l'un des coryphées du matérialisme, M. Virchow, au dernier congrès des anthropologistes allemands, à Francfort (1) : « Il y a rarement eu une époque où des questions d'une aussi grande importance aient été traitées d'une manière aussi superficielle, et même aussi insensée. S'il suffisait simplement d'étudier une série de phénomènes, puis, d'en tirer des conséquences, pour en déduire des théories plausibles, rien ne serait plus facile. On prend du carbone, de l'hydrogène et de l'azote, on les combine et l'on en forme une poignée de protoplasme. Malheureusement la pratique ne répond pas à la théorie. Aujourd'hui il n'est pas encore possible de faire d'une matière inorganique un être vivant, fût-il même infiniment petit. Mais il est très instructif de voir que, il y a vingt ans encore, on avait cru trouver la preuve de la *generatio æquivoca* dans les vers intestinaux. On ne pouvait comprendre comment ces vers pouvaient prendre naissance dans le corps même de l'homme, et l'on nommait alors en médecine *saburra* la substance capable de leur donner naissance. »

« C'est suivant un ordre d'idées analogues qu'on a été amené à croire que l'homme, par des transfor-

(1) *Revue scientifique*, 2 décembre 1882.

mations successives, descendait d'un autre animal quelconque. Mais en réalité on n'a pas encore trouvé un de ces êtres de transition que l'on suppose avoir existé. Darwin lui-même était très réservé sur ce point, et ce n'est qu'après l'apparition des travaux de Hæckel qu'il a accepté la plus grande partie des théories de son successeur. Il reconnaissait ne pas s'être occupé scientifiquement de l'homme et n'avoir que les connaissances d'un profane sur l'anatomie, la physiologie et la pathologie. L'anthropologie n'a pas encore eu jusqu'ici l'occasion de s'occuper d'une manière pratique de cette question, attendu que personne n'a encore découvert l'homme en train de se former (das Werden des Menschen); il reste introuvable. »

CHAPITRE VII.

DIEU PRINCIPE DE LA VIE INTELLECTUELLE.

Nous avons constaté l'impuissance du matérialisme à expliquer l'origine et les formes variées de la vie physique par les seules forces et les seules lois de la matière. Aux deux impossibilités décrites dans les chapitres précédents vient s'en ajouter une troisième, plus invincible encore, si l'on peut s'exprimer de la sorte, et fondée sur la présence, dans l'homme, d'un élément supérieur à toutes les manifestations de la vie matérielle, nous voulons parler de la vie intellectuelle et morale.

Au-dessus de ce monde visible qui se révèle à nos sens, il y a le monde intelligible, immatériel, accessible à la seule raison, et renfermant dans son sein tout ce que notre esprit conçoit avec le double caractère de la nécessité et de l'universalité. Là sont les lois immuables de l'existence et de la possibilité des choses, les types éternels d'après lesquels le vrai, le beau, le bien se réalisent dans l'univers sous des formes multiples et contingentes. Ces lois n'empruntent leur autorité ni aux phénomènes qui les révèlent, ni aux forces naturelles qui leur obéissent, ni aux intelligences créées qui les conçoivent. Les phénomènes s'évanouissent; tout dans la nature porte l'empreinte ineffaçable de la

contingence; mais les réalités intelligibles sub-
sistent, éternelles, immuables. Le reflet sensible de la
beauté s'efface, l'idéal du beau ne passe pas. L'action
vertueuse commence et finit, le type du bien moral
continue de briller à ces hauteurs sereines où notre
esprit le contemple. Et quand la création tout entière viendrait à disparaître dans le gouffre du
néant, il serait encore vrai qu'il n'y a pas d'effet
sans cause, ni de phénomène sans substance, que la
charité est une vertu, l'envie un vice digne de châ-
timent, l'obéissance à l'autorité légitime un devoir.

Mais où sont-elles ces réalités intelligibles sur
lesquelles le temps n'a pas de prise? Il faut bien
qu'elles aient quelque part un fondement éternel et
nécessaire. Le monde matériel, théâtre du mouvement et de la contingence, ne peut servir de base à
des lois dont le caractère propre est l'immutabilité.
Pour trouver le principe suprême de l'intelligibilité
dans les choses et de l'intellection dans les esprits,
il faut s'élever jusqu'à la pensée infinie, éternelle,
subsistante. Là, résident les vérités nécessaires, les
lois universelles, les exemplaires incréés à l'imita-
tion desquels a été fait le monde visible. Ce qu'on
nomme le monde intelligible n'est autre chose que
Dieu lui-même, hors duquel on ne peut concevoir
la vérité absolue. Dieu est vérité, dit l'évangéliste,
et c'est parce qu'il est la vérité qu'il est aussi la vie
et la lumière.

L'homme, par son corps, appartient au monde visible; la vie organique lui est commune avec les
plantes et les animaux. Mais ce corps périssable, formé de la terre, n'est pas l'homme tout entier; il y a
pour lui une autre lumière que celle du soleil, un
autre horizon que celui de l'univers matériel. Par
sa raison il entre en communication avec ce monde

intelligible de la pure lumière, objet propre de la pensée ; son regard s'élève jusqu'à ces régions supérieures où les yeux du corps ne sauraient atteindre. Quand le matérialisme réussirait à expliquer la vie physique, il verrait se dresser devant lui une barrière impossible à franchir, c'est la pensée, le fait de conscience, la liberté morale.

La présence d'un élément universel et nécessaire dans l'entendement suppose une faculté profondément distincte de la perception sensible, une puissance spirituelle par sa nature. La perception sensible ne saurait dépasser la portée de l'organe matériel ; elle a pour objet le fait singulier, le phénomène individuel ; elle ne va pas au delà ; la nature même de l'instrument s'y oppose. Tout autre est l'intellection ; son domaine embrasse non seulement ce qui est, mais ce qui doit être, ce qui est nécessairement, partout et toujours ; au delà des faits particuliers, elle conçoit l'essence immuable, la loi permanente, universelle, supérieure aux conditions de l'espace et du temps. Que l'on transforme autant que l'on voudra l'impression organique et la sensation qui en résulte, on n'en fera jamais sortir la notion du vrai absolu, les idées du bien, du devoir, du mérite et du démérite, les premiers principes des sciences, etc. Il y a là deux ordres de faits irréductibles, il y a le fait sensible et le fait intellectuel ; nul effort d'analyse ne peut ramener le second au premier. Or nous connaissons la substance par ses facultés et les faculté par leurs actes ; la manière d'être suit l'être, disaient très justement les scolastiques. Un acte spirituel comme la pensée procédant d'une cause physique, et une faculté spirituelle, comme l'entendement, inhérente à un sujet matériel, sont deux contradictions évidentes.

Ces considérations empruntent une force nouvelle à l'observation psychologique du fait de conscience. Sensations, sentiments, idées, volitions, tout vient se réunir au centre commun de la vie intérieure qui est le moi. Or le moi possède un caractère qui empêchera toujours de le confondre avec les phénomènes de la vie organique, l'unité. C'est le même moi qui pense, juge et compare, le même moi qui veut, délibère, se décide, le même qui sent, se réjouit ou s'afflige, le même qui a la conscience de son unité dans la variété des phénomènes psychologiques. Ce n'est pas l'unité morale ou collective, mais l'unité simple, indivisible, qui se prolonge dans le temps et n'a rien à redouter de la mobilité des événements. Les années s'écoulent, les impressions premières s'effacent et renaissent, les idées ensevelies dans l'oubli reparaissent; le passé revit par le souvenir. Qu'est-ce que le souvenir, sinon la conscience du moi persistant à travers la diversité changeante de ce monde intérieur que nous portons en nous-mêmes? Il serait plus aisé de compter les vagues soulevées par la tempête, à la surface de l'océan, que les sentiments dont le cœur de l'homme est le théâtre toujours changeant, toujours agité. Mais la mobilité n'est qu'à la superficie; le fond reste invariable, et le moi se reconnaît identique à lui-même dans le flux et le reflux continuel des faits de conscience. Supprimez l'identité permanente du moi, vous supprimez du même coup la personnalité; le présent n'est plus responsable du passé, ni l'avenir du présent; il ne reste qu'une succession de phénomènes sans lien; l'unité de la vie humaine s'évanouit; celui qui vous parle aujourd'hui n'est plus celui qui vous écoutait hier; les actes, les jugements de la veille n'ont aucun rapport avec ceux

du lendemain; plus de personnalité, partant plus de
responsabilité morale.

Telle est, qu'il le veuille ou non, la conséquence
à laquelle aboutit forcément le matérialisme. Ce qui
caractérise la matière est précisément l'opposé du
moi, tel que le révèle le sens intime. Qui dit matière dit aggrégation de parties, pluralité, division.
Ce n'est pas seulement l'unité mais l'identité du moi
qui disparaît dans la succession non interrompue
des mouvements dont se compose la vie organique.
D'ailleurs le fait de conscience n'a rien de commun
avec les actions physico-chimiques des forces vitales.
Si loin que l'on pousse l'analyse des phénomènes
physiologiques, on n'y rencontre absolument rien
qui, de près ou de loin, ressemble à la pensée. Comment un effet immatériel pourrait-il découler de
causes purement physiques? Aussi le matérialisme
lui-même est-il réduit à l'aveu de son impuissance.

« Quel rapport imaginable, dit un écrivain non suspect en cette matière, M. Dubois-Raymond (1), quel
rapport y a-t-il entre certains mouvements de certaines molécules dans mon cerveau, d'une part, et les
faits primitifs, indéfinissables, indéniables, que voici : « J'éprouve de la douleur, du plaisir, j'ai la
sensation du doux; je sens l'odeur de rose, j'entends
un son d'orgue, je vois du rouge, » et la certitude de
la conclusion qui en découle non moins directement : donc je suis. Le fait est qu'il nous est absolument et à tout jamais impossible de comprendre
comment un certain nombre d'atomes de carbone,
d'hydrogène, d'azote, d'oxygène, etc., ne seraient pas
indifférents à la façon dont ils sont groupés et dont

____

(1) *Conception de la vie*, R. S. T. III, p. 343.

ils se mouvront. Il n'y a pas moyen de concevoir comment la pensée peut naître de leur action combinée.»

Tyndall, dont les opinions matérialistes sont bien connues, s'exprime dans le même sens (1). « Associés à cet étonnant mécanisme du corps animal, nous trouvons des phénomènes non moins certains que ceux de la physique; mais nous ne pouvons découvrir aucune connexion entre ces phénomènes et le mécanisme. Un homme, par exemple, peut dire : Je suis, je pense, j'aime; mais comment la conscience vient-elle se mêler à notre problème? »

Ainsi, de l'aveu des matérialistes eux-mêmes, la production de la pensée par le cerveau est un fait inexplicable; la nature, à les entendre, s'en est réservé le secret. Mais si le matérialisme est une hypothèse impossible à vérifier, impossible à prouver, de quel droit l'ériger en dogme scientifique? L'écrivain cité plus haut reconnaît qu'il n'y a aucun rapport imaginable entre le fait de conscience et les fonctions du cerveau, et il arrive à l'étrange conclusion que voici : (2) « Cette manière de voir (celle qui confond la matière et l'esprit) est la plus simple, et la méthode scientifique exige, jusqu'à plus ample informé, qu'on la préfère. »

Non assurément, notre esprit ne voit pas, il ne verra jamais le lien de dérivation qui unit la pensée aux actions moléculaires du cerveau, comme l'effet à sa cause. Non seulement mon esprit ne voit pas ce lien, mais je vois très clairement que ce lien n'existe pas, qu'il ne peut pas exister, parce qu'il s'agit de deux ordres de phénomènes absolument incompatibles. Mon esprit ne voit pas davantage comment on pourrait abaisser d'un même point deux ou plusieurs perpendiculaires sur une même ligne droite; mais il y a plus, il voit nettement et le raisonnement lui démontre invinciblement qu'on ne peut en abaisser qu'une. Il est aussi évident que le fait de conscience, que la pensée, est l'acte d'une substance simple, la manifestation d'une force indivisible, non le produit d'un composé chimique.

Nous avons invoqué le fait du libre arbitre. Ici encore nous nous trouvons en présence d'un phénomène de sens intime, attesté par une intuition immédiate et dont la certitude s'impose non moins irrésistiblement qu'un axiome de métaphysique ou un théorème de géométrie. La conscience de la liberté défie tous les raisonnements du déterminisme. Ce qui n'est pas moins évident, c'est que le moi conscient et libre ne saurait être le produit spontané de la nature. La nature obéit aveuglément aux lois que le Créateur lui a tracées; les forces qui se meuvent dans son sein n'ont point conscience du principe qui les met en jeu, des lois qui les gouvernent, ni du but auquel tend leur action. Vouloir ramener tous les phénomènes et en particulier les faits de conscience à la seule causalité des agents physiques, c'est livrer le monde et l'homme au seul empire de la fatalité. Mais alors que devient la contingence? Que devient la liberté? C'est, nous le répétons, le renversement de toute morale.

Les théories actuellement en vogue sur la nature et les lois de la vie, en dépit des tendances matérialistes de leurs auteurs, favorisent, loin de l'entraver, la cause du spiritualisme, en mettant dans une plus vive lumière l'opposition des deux ordres de phénomènes et l'impossibilité de confondre l'esprit et la matière. Chaleur et mouvement, voilà, dit-on, à quoi viennent se réduire en définitive les fonctions de la vie organique. Soit, mais d'où vient en moi ce pouvoir mystérieux et très réel pourtant, de mettre en jeu, de continuer ou d'arrêter à volonté l'action des forces musculaires, de prolonger ou de suspendre, comme il me plaît, le mouvement de tel membre, de telle partie du corps, de diriger et de modifier dans un sens ou dans un autre l'exercice de certains organes? Il y a donc en moi un pouvoir modérateur, la volonté, qui intervient librement dans la production des phénomènes physiologiques, qui gouverne, jusqu'à un certain point et dans certaines limites, les puissances inférieures. Ce pouvoir est manifestement en dehors et au-dessus des forces mécaniques dont il dispose à son gré. S'il n'était lui-même que chaleur et mouvement, il obéirait fatalement aux lois d'un mécanisme aveugle, et il ne faudrait plus parler de détermination libre et volontaire.

La question si épineuse et délicate des rapports du physique au moral a provoqué de vives controverses. Il règne entre les deux éléments constitutifs du composé humain un lien mystérieux, une union plus étroite que ne l'a pensé le spiritualisme moderne, celui du moins qui procède de Descartes. Le matérialisme s'en est prévalu pour affirmer leur identité substantielle. N'y a-t-il pas une corrélation intime entre l'état du cerveau et l'exercice de la pensée? L'influence de certains troubles cérébraux est manifeste dans la folie, le délire, la rage, la syncope. Il suffit d'un malaise physique un peu aigu pour ralentir l'activité intellectuelle; une méditation intense et prolongée fatigue l'organe et peut amener les désordres pathologiques les plus graves. Mais si l'intellect appartient à un ordre supérieur, s'il diffère essentiellement de l'organisme, comment expliquer cette fatigue et d'où vient ce malaise? Une essence spirituelle n'aurait, ce semble, rien de tel à redouter, et l'on conçoit difficilement que la contemplation de la vérité puisse jamais devenir, pour une puissance immatérielle de sa nature, la cause d'une souffrance physique. Qui ne sait d'ailleurs que le progrès des années amène à sa suite un affaiblissement graduel de la mémoire, de la vigueur morale et des facultés intellectives? Ces faits ne prouvent-ils pas que le cerveau est l'organe de la pensée, et que par suite, il est inutile de chercher ailleurs le principe de la vie intellectuelle?

Ces faits prouvent, en effet, que l'intellect est à certains égards sous la dépendance de l'organisme, mais cette dépendance bien comprise et ramenée à ses justes limites n'entraîne aucunement la confusion des deux natures. Que l'intellection en elle-même et par son objet dépasse la sphère du sensible, que l'impression des sens, quelque transformation qu'on lui fasse subir, ne puisse introduire l'esprit dans les régions supérieures où se meut la pensée pure, c'est chose démontrée par l'analyse même du concept et par l'impossibilité de ramener les vérités nécessaires aux faits de l'expérience. Mais l'expérience n'en joue pas moins un rôle important dans la connaissance intellectuelle, c'est elle qui fournit à l'esprit la matière du concept abstrait, la représentation sensible ou l'image sans laquelle le concept s'évanouirait au regard de la pensée. Il y a là deux éléments irréductibles, sans doute, mais inséparables, au moins dans l'état présent de notre nature.

Au besoin de l'image pour la formation de l'idée abstraite, il faut ajouter celui de la parole pour la notion claire et distincte des choses intelligibles. Or, la parole, de même que l'image, réclame le concours de l'organisme ; acquise par les sens, elle se lie à l'impression permanente produite par l'audition dans l'organe cérébral. On comprend ainsi pourquoi l'exercice de la pensée, même la plus abstraite, dépend de l'organisme et suppose le fonctionnement normal du cerveau. On s'explique l'influence de la maladie, de la vieillesse, de certains troubles nerveux sur le libre exercice de l'intelligence. Mais le cerveau est aussi incapable, plus incapable encore de sécréter la pensée que la matière brute d'engendrer la vie, car entre la pensée et la matière, même vivante, il y a un abîme que la puissance divine elle-même ne saurait combler.

TABLE DES MATIERES.

www.ingramcontent.com/pod-product-compliance
Lightning Source LLC
Chambersburg PA
CBHW051124050726

47594CB00003B/950